おやさまの情景

道友社編

道友社

はじめに

天理教教祖・中山《なかやま》みき様は、この世と人間を創造された親神様《おやがみさま》のお心そのままに、温かい親心で人々を慈しみ、優しく導かれました。『稿本天理教教祖伝逸話篇』には、そんな教祖《おやさま》のお姿を彷《ほう》彿《ふつ》させる、二百篇の逸話が収められています。

これらの逸話に、より多くの方に親しんでいただこうと、それぞれのお話に絵を添えて、二〇一〇年から『人間いきいき通信』（天理時報特別号）で不定期に紹介を続けてきました。本書は、その内容に加筆し、短い解説を加えてまとめたものです。

教祖をより身近に感じ、〝逸話のこころ〟を味わい、教えを日々の暮らしに生かす一助としていただければ幸いです。

編　者

目次

絵／装丁……森本　誠

子供が親のために

――神様がお受け取りくださる真実の心

親神様は〝願い通り〟ではなく〝心通り〟にご守護くださいます。

元治元年（一八六四年）ごろのこと。
十五歳の桝井《ますい》伊三郎《いさぶろう》少年は
夜の明けるのを待ちかねて、
五十町（約五・五キロ）の道のりを
お屋敷へ急ぎました。
病気で危篤《きとく》の母キクさんのことを
教祖《おやさま》にお願いするためでした。

「どうかお救《たす》けくださいませ」
すると教祖は、こう仰せになりました。
「せっかくやけれども、
身上《みじょう》（病気のこと）救からんで」
ほかならぬ教祖のお言葉です。
伊三郎さんは、家に戻ることにしました。

しかし、苦しむ母の姿に、

「どうでも救けてもらいたい」

との思いで胸がいっぱいになり
再び、お屋敷へ行きました。

けれども、教祖は、

「気の毒やけれども、救からん」

と重ねて仰せになりました。

「ああ、やむをえない」
伊三郎さんは、
その場では得心したものの、
家に戻ると、じっとしていられません。
またトボトボと歩いて、
お屋敷に着いたときには、夜になっていました。

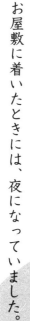

「ならん中でございましょうが、なんとか
お救けいただきとうございます」
すると、教祖は
「救からんものを、
なんでもと言うて、
子供が、親のために運ぶ心、
これ真実やがな。
真実なら神が受け取る」
と仰せくださいました。

こうしてキクさんは
命をたすけていただき、
八十八歳まで長生きしました。
（一六「子供が親のために」から）

人間の親である親神様《おやがみさま》のお心は、子供を
たすけてやりたい思いでいっぱいです。
けれども、たすけていただくには、
親神様のお心にかなう
真実の心が大切なのです。
キクさんは、教祖のことを
本当の親のようにお慕いし、
足しげくお屋敷に通っていました。
伊三郎さんは、その姿を見て
〝親を思う心〟を自然に
身につけていったのでしょう。
日ごろから親孝行を心がけ、
周りの人も思いやる。そんな姿を
子供の心に映したいものです。

一六「子供が親のために」

桝井伊三郎《ますいいさぶろう》さんは、お屋敷の北西にある伊豆七条村《いずしちじょう》(現・大和郡山《やまとこおりやま》市伊豆七条町)の人。母親のキクさんは、もともと神信心の好きな人でした。

文久三年(一八六三年)、キクさんが三十九歳のとき、夫が喘息《ぜんそく》になりました。なかなか治らないので、遠近の神仏に足を運んでは祈願していたところ、隣家の人に勧められ、教祖のもとを訪ねました。そして「あんた、あっちこっちとえらい遠廻《とおま》わりをしておいでたんやなあ。おかしいなあ。ここへおい出《い》でたら、皆《み》んなおいでになるのに」とのお言葉を頂き、「ほんになるほど、これこそ本当の親や」と、なんとも言えぬ慕わしさが胸の底まで沁《し》みわたったのでした(一〇「えらい遠廻わりをして」参照)。

以来、キクさんは一筋に信仰の道を歩み、足しげくお屋敷に通うようになったといいます。この逸話は、その翌年のお話です。

麻と絹と木綿の話

――神様が望まれる〝木綿の心〟とは

いつでも、どこでも、人さまの役に立つ人に。

あるとき教祖《おやさま》は、松尾市兵衞《まつおいちべえ》さん、ハルさん夫婦に、
「今日《きょう》は、麻《あさ》と絹《きぬ》と木綿《もめん》の話をしよう」と、
人間の心のあり方を布地の性質の違いにたとえ、
次のようなお話をされました。

麻はなあ、夏に着たら風通しがようて、
肌につかんし、これ程涼《すず》しゅうて
ええものはないやろ。
が、冬は寒《さむ》うて着られん。
夏だけのものや。
三年も着ると色が来る。
色が来てしもたら、値打ちはそれまでや。
濃い色に染め直しても、色むらが出る。
そうなったら、反故《ほうぐ》＊と一しょや。

＊反故……ほご。役に立たなくなったものの意。

絹は、羽織《はおり》にしても
着物にしても、
上品でええなあ。
買う時は高いけど、
誰《だれ》でも皆、ほしいもんや。
でも、絹のような人になったら、
あかんで。
新しい間はええけど、
一寸古《ちょっとふる》うなったら、
どうにもならん。

そこへいくと、木綿は、
どんな人でも使《つこ》うている、
ありきたりのものやが、
これ程重宝《ちょうほう》で、使い道の広いものはない。
冬は暖かいし、
夏は、汗をかいても、よう吸い取る。
よごれたら、何遍でも洗濯が出来る。
色があせたり、古うなって
着られんようになったら、
おしめにでも、雑巾《ぞうきん》にでも、わらじにでもなる。
形がのうなるところまで使えるのが、木綿や。
木綿のような心の人を、
神様は、お望みになっているのやで。

（二六「麻と絹と木綿の話」から）

「木綿のような心の人」とは、
どういう人をさすのでしょうか。

季節で用途が限られる麻、
年月が経《た》てば用を成さない絹。

それに対して、
木綿は使い道がとても広く、
長い年月、役に立つ素材です。
教祖は、いつでも、どこでも、
どんなときにでも、
人さまのために
役に立つような人を
望まれているといえるでしょう。

二六「麻と絹と木綿の話」

松尾市兵衛《まつおいちべえ》さんは二十二歳のとき、竜田《たつた》の北にある白石畑《しらいしばた》村（現・生駒《いこま》郡平群《へぐり》町白石畑）から、東若《ひがしわか》井《い》村（現・平群町若井）の松尾家へ婿養子に入りました。そして慶応二年（一八六六年）、妻・ハルさんの産後の肥立《ひだ》ちが悪かったのをたすけられ、信仰を始めました。

明治五年、結核を患っていた長男の病状が悪くなり、寝たきりとなったため、教祖におたすけを願い出ました。教祖は、長い断食の最中であったにもかかわらず、四里《り》（約一六キロ）の道のりを歩いておたすけに赴《おもむ》かれました。市兵衛さん宅に十余日間、滞在され、その間も穀気《ごくけ》は一切、召し上がらなかったということです（二五「七十五日の断食」参照）。

この逸話は、その滞在中のお話です。以後、市兵衛さんとハルさんは、心に木綿の二字を刻み込み、生涯、木綿以外のものは身につけなかったといいます。

朝起き、正直、働き

――生き方の基本となる〝三つの宝〟

日常生活のあらゆる場面で
陰日向のない真実の働きを。

お屋敷から少し北にある
櫟本村《いちのもと》の飯降伊蔵《いぶりいぞう》さんは、
「櫟本千軒きっての正直者」
といわれた大工でした。

元治元年（一八六四年）、
妻の産後の煩《わずら》いを
教祖《おやさま》におたすけいただき、
以来、毎日お屋敷へ通っては
何かと御用をつとめていました。

あるとき教祖は、伊蔵さんに
「掌《て》を拡《ひろ》げてごらん」
と仰せになりました。
そして、籾《もみ》を三粒持って、
「これは朝起き、
これは正直、
これは働きやで」
と、一粒ずつ
掌の上にお載《の》せくだされ、
「この三つを、しっかり握って、
失わんようにせにゃいかんで」
と仰せられました。

（二九「三つの宝」から）

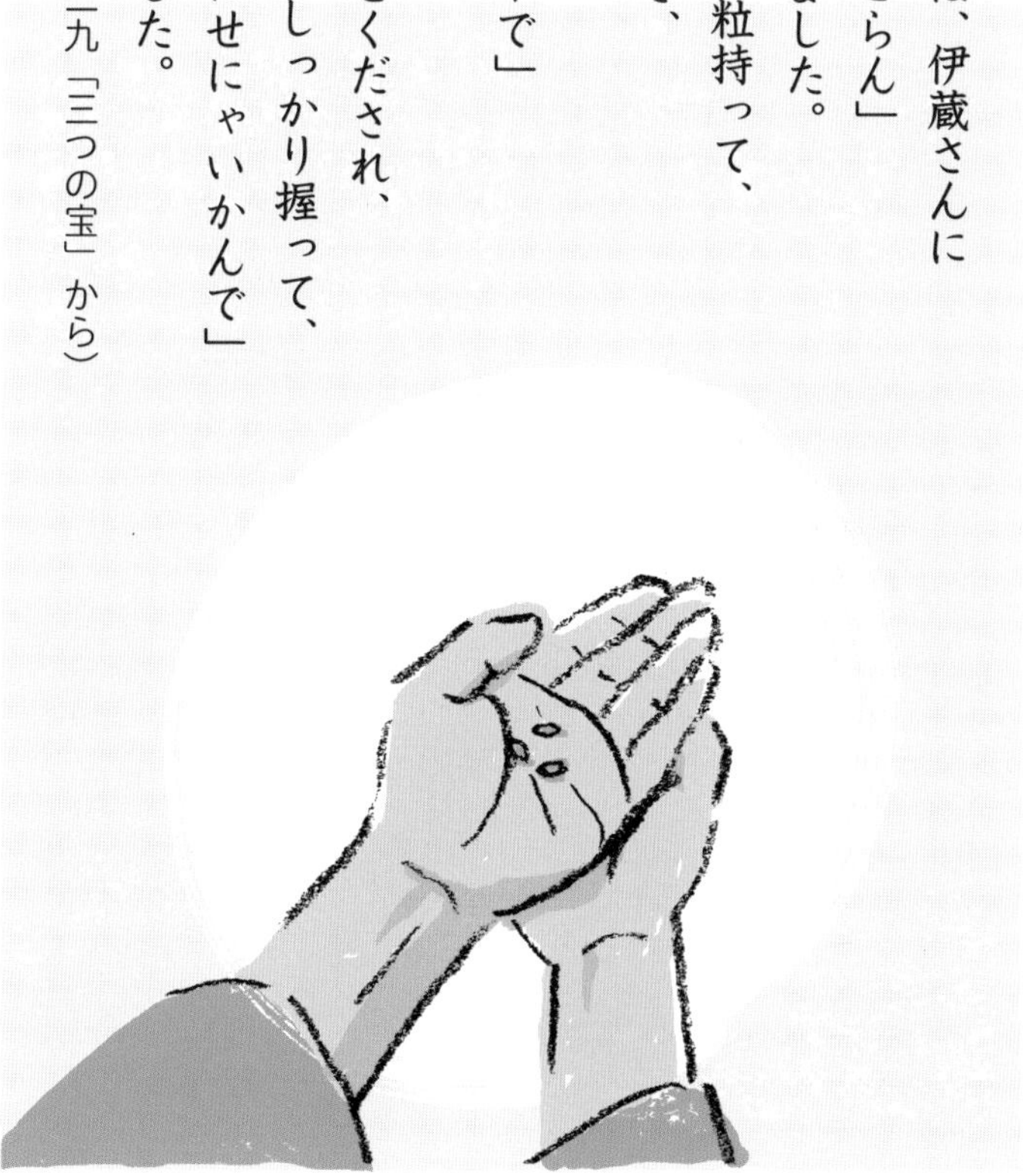

伊蔵さんは、この教えを
一生の心の宝とし、
その後も長年にわたって
お屋敷へ足を運び続けました。
その行き帰りに、
壊れた橋や道路を見かけると
人知れず修繕《しゅうぜん》するなど、
陰日向《かげひなた》のない態度で
日々を通りました。

のちに教祖は、
伊蔵さんの長女よしゑ《え》さんにも
次のようにお聞かせくだされています。

「朝起き、正直、働き。
朝、起こされるのと、
人を起こすのとでは、
大きく徳、不徳に分かれるで。
蔭《かげ》でよく働き、人を褒《ほ》めるは正直。
聞いて行わないのは、
その身が嘘《うそ》になるで。
もう少し、もう少しと、
働いた上に働くのは、
欲ではなく、真実の働きやで」

（一一一「朝、起こされるのと」から）

二九「三つの宝」

　妻の命をおたすけいただいた飯《い》降《ぶり》伊《い》蔵《ぞう》さんは、初めて夫婦揃《そろ》ってお礼詣《まい》りに帰ったとき、お社《やしろ》の献納を思いつきました。そこから、本教最初の普請となる「つとめ場所」の建築が始まります。しかし、ある事件をきっかけに、人々の足がお屋敷から遠のくことに。この逸話は、そんななかもただ一筋にお屋敷へ足を運び続ける伊蔵さんに、教祖が諭されたお言葉です。

　同じころ、教祖は伊蔵さんに、真っすぐな柱を一本作るように命じられました。そして、その柱に定規をあてると少しの隙《すき》があることから、「世界の人が皆、真っ直《す》ぐやと思うている事でも、天の定規にあてたら、皆、狂いがありますのやで」と教えられています（三一「天の定規」参照）。

　伊蔵さんはのちに、一家を挙げてお屋敷に移り住みます。そして生涯変わることなく、素直に教えを実行して通りました。

「雪の日」の七里半

——苦労の中も喜んで通る誠の心

親神様は、その心を十分に受け取って
楽しみの道へと導いてくださいます。

両目の失明をたすけられた増井《ますい》りんさんは、
その感激を胸に、河内《かわち》からお屋敷まで
七里《り》半（約三〇キロ）の道を
熱心に通っていました。

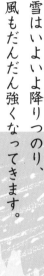

ある日のこと、
その日は朝から大雪が降っていましたが、
りんさんはいつものように
お屋敷を目指して歩き始めました。

雪はいよいよ降りつのり、
風もだんだん強くなってきます。
そのとき、川にさしかかりました。

川には幅が三尺（約一メートル）ほどの
欄干《らんかん》のない橋がかかっていました。
りんさんは、これは危ないと思い、
雪の降り積もっている橋の上を
裸足《はだし》になって這《は》って進みました。
途中で吹雪がドッと来て
川に落ちそうになることが
何回もありましたが、
ペタリと雪の上に
這いつくばって、
　なむてんりわ《お》うのみこと
　なむてんりわうのみこと
と神名を唱えながら、
やっとの思いで橋を渡りきりました。

お屋敷にたどり着くと、
そこにいた村田《むらた》イヱ《エ》さんが、
「いま、教祖《おやさま》が、窓から外をお眺めになって、
『まあまあ、こんな日にも人が来る。
なんと誠の人やなあ。
ああ、難儀《なんぎ》やろうな』
と、仰せられていたところでした」
と教えてくれました。
りんさんは、無事にお屋敷へ
帰らせていただけたことを
「ああ、結構やなあ」と、
ただただ喜ばせていただきました。

教祖にお目にかかると、
「ようこそ帰って来たなあ。
親神《おやがみ》が手を引いて連れて帰ったのやで。
あちらにてもこちらにても滑って、
難儀やったなあ。
その中にて喜んでいたなあ。
さあ〳〵親神が十分々々受け取るで。
どんな事も皆受け取る。守護するで。
楽しめ、楽しめ、楽しめ」
と仰せられ、りんさんの手を両手で
しっかりと握り、温めてくださいました。
りんさんは、もったいないやらありがたいやらで、
胸がいっぱいになりました。

（四四「雪の日」から）

四四「雪の日」

河内国大県村《かわちのくにおおがた》（現・大阪府柏原《かしわら》市大県）の増井《ますい》りんさんは、明治七年、三十二歳のときにソコヒを患い、失明してしまいました。悲嘆の涙に暮れていたところ、教祖の話を人づてに聞き、男衆《おとこし》を代参させて紙に書いていてもらった、教えの理を聞かせていただきました。そして、親子三人で、おぢばのほうを向いて「なむてんりわう《お》のみこと」と繰り返してお願いしたところ、三日目の夜明けに、一条《ひとすじ》の光が目に飛び込んでくるという、不思議なご守護を頂いたのでした（三六「定めた心」参照）。

以来、りんさんは河内で布教に奔走し、重病人のおたすけともなれば、昼夜を問わず教祖のもとへ赴《おもむ》きました。この逸話は、そんな明治八、九年ごろのお話です。

りんさんは後に、教祖のお守役《もりやく》としてお側《そば》に仕えることになります。そして九十七歳まで長生きし、おぢば一筋に通りました。

わが子同様に育てる「大きなたすけ」

――真実の心さえあれば神が働く

子供はお金や物ではなく
神様の与えを頂いて育つのです。

明治十四年八月ごろのこと。
岡本《おかもと》シナさんは近村の農家から、
長男が生まれたが
乳が出なくて困っているので
預かって世話をしてほしい、
と頼まれました。

あいにくシナさんも
乳が出なくなっていたので、
いったんは断りましたが、
「そこをどうしても」と頼まれるので、
教祖《おやさま》にお伺いすることにしました。

教祖は、
「金が何《な》んぼあっても、又《また》、米倉に
米を何んぼ積み上げていても、
直《す》ぐには子供に与えられん。
人の子を預かって育ててやる程の
大きなたすけはない」
と仰せになりました。
さらに、乳が出なくなって
いることについて伺うと、
「世話さしてもらうという真実の心さえ
持っていたら、与えは神の自由《じゅうよう》で、
どんなにでも神が働く。
案じることは要《い》らんで」
とのお言葉がありました。

預かった乳飲《ちの》み子は
生後百日余りにもなるというのに
やせ衰えて泣く力もなく、
かすかにヒイヒイと声を出しています。
シナさんが抱き取って
乳を飲ませようとしますが、
急に出るものではありません。
一時は心配しましたが、
二、三日経《た》つと、不思議と
乳が出るようになりました。
そのおかげで、預かり子は
見る見るうちに元気になり、
順調に育ちました。

その後、シナさんが
丸々と太った預かり子を連れて
お屋敷へ帰らせていただくと、
教祖はその子を抱き上げてくださり、
「シナはん、善《よ》い事を
しなはったなあ」
と、おねぎらいくださいました。

（八六「大きなたすけ」から）

人の子もわが子同様に
という心で、慈しみ育てさせて
いただきたいものです。

八六「大きなたすけ」

岡本《おかもと》シナさんは、永原《ながはら》村（現・天理市永原町）の岡本重治郎《じゅうじろう》さんの長男・善六《ぜんろく》さんの妻。重治郎さんは元治元年（一八六四年）、義弟である山中忠七《やまなかちゅうしち》さんの妻が不思議なおたすけを頂いたことから、忠七さんに連れられてお屋敷に参拝し、信仰を始めました。

善六さんとシナさんは、七人の子供を授かりましたが、無事に成人したのは長男と末女の二人だけでした。明治十二年、その長男が高熱に冒《おか》されたところをおたすけいただいて、二人の信心は大きく成人したのでした。

この逸話は、それから二年後の明治十四年のお話です。シナさんは同じころ、お屋敷で教祖から赤《あか》衣《き》の襦袢《じゅばん》を頂戴《ちょうだい》し、「着て去《い》にや。去ぬ時、道々、丹波市《たんばいち》の町ん中、着物の上からそれ着て、踊って去ぬのやで」とのお言葉を、素直に実行しています（九一「踊って去ぬのやで」参照）。

危ないところを連れて帰ったで

――親心あふれる不思議なご守護

人をたすけることが、神様への
何よりの〝ご恩返し〟になります。

徳島県の撫養《むや》の港で北前船《きたまえぶね》の
船乗りをしていた土佐卯之助《とさうのすけ》さんは、
親神様《おやがみさま》に二度の大病を
たすけていただいたご恩返しにと、
人の倍働いては時間をつくり
人だすけに励んでいました。

明治十四年秋のこと。
卯之助さんの乗った船が
北海道の奥尻島《おくしりとう》付近で
遭難しそうになりました。
命も危ぶまれる状況でしたが、
奇跡的に危機を切り抜ける
ことができました。

船が大阪の港に着くと、卯之助さんは
その日のうちにおぢばへ帰り、
親神様にお礼を申し上げました。

そして、うれしさのあまり、
お屋敷の人々に、そのときの
様子を詳しく話していると、
ある先輩が話を遮《さえぎ》って
「おい、それは何月何日の
何時ごろのことではないか」
と言うのです。
日を数えてみると、まさしく
遭難の日時を言い当てられたのでした。

先輩の話によると、
「その日、教祖《おやさま》は
お居間の北向きの障子を開けられ、
おっとめの扇を開いてお立ちになり、
北の方に向かって、しばらく
『オーイ、オーイ』と、
誰かをお招きになっていた。
それで、不思議なこともあるものだ
と思っていたが、今の話を聞くと
なるほどと合点がいった」
とのことでした。

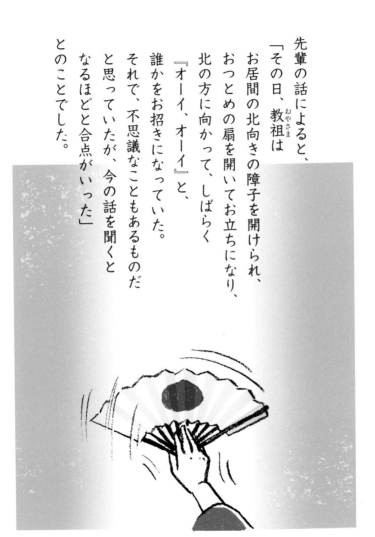

これを聞いた卯之助さんは
深く感激し、教祖の御前《おんまえ》に参上して、
「ない命をおたすけくださいまして
ありがとうございました」と、
畳に額《ひたい》をすりつけてお礼を申し上げました。
その声は打ちふるえ、目は涙にかすんで
教祖のお顔もよく拝めないくらいでした。
すると教祖は、
「危ないところを、連れて帰ったで」
と、やさしい声で
ねぎらいのお言葉を下されました。
このとき卯之助さんは、長年の船乗り稼業をやめて、
いよいよたすけ一条に生きることを決心したのでした。

（八八「危ないところを」から）

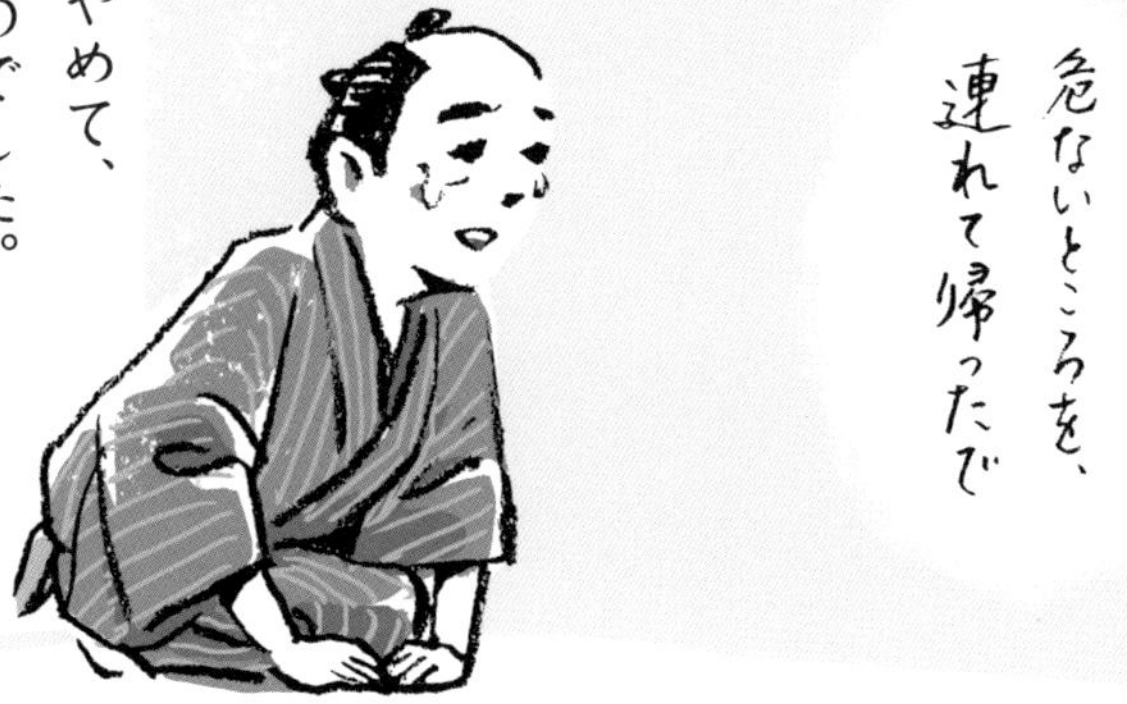

八八「危ないところを」

明治十一年春、土佐《とさ》家の養女・まささんと結婚した撫養《むや》（現・鳴門《なると》市撫養町）の船乗り・卯之助《うのすけ》さんは、その年の秋、北海道への航海を終えた後、大阪の港で心臓脚気《かっけ》を患い、布教師のおたすけによって鮮やかなご守護を頂きました。十三年にも北海道滞在中に大病を患い、ご守護を頂いたことから、船乗りをやめて人だすけに専念する心を定めましたが、養父母から猛反対されました。この逸話は、その翌年のお話です。

この後、卯之助さんは妻にも告げずに単身、大阪へ布教に出ます。ある日、お屋敷で草引きをしていると、教祖が、「早《は》よう大阪へおかえり。大阪では、婚礼があるから」と仰せられました。大阪へ戻ると、まささんが来ており、卯之助さんは「もう一度、国へかえって、死ぬほどの苦労も喜んでさせてもらおう」との決心を固めたのでした（九九「大阪で婚礼が」参照）。

人がめ、めどか、神がめ、めどか

――癖、性分を取って優しい心に

人がどんなことを言おうとも
神様はちゃんと見てくださっています。

教祖《おやさま》は、入信後間もない梅谷四郎兵衛《うめたにしろべえ》さんに
「やさしい心になりなされや。
人を救《たす》けなされや。
癖《くせ》、性分《しょうぶん》を取りなされや」
と諭されました。

明治十六年のこと。
お屋敷では教祖のお居間となる、
御休息所の普請が行われていました。
大阪で左官《さかん》業を営んでいた
四郎兵衛さんは、その壁塗りに
精を出していました。

ところが、ある日、
「大阪の食い詰め左官が、
大和《やまと》三界《さんがい》＊まで仕事に来て」
との陰口が聞こえてきました。
短気な性格の四郎兵衛さんは、
その言葉に激しく憤《いきどお》り、
深夜、ひそかに荷物をまとめて
大阪へ戻ろうとしました。

足音を忍ばせて、お屋敷の門を
出ようとしたときのことです。
門屋でお休みになっていた
教祖の咳払《せきばら》いが聞こえました。

＊三界……遠く離れた所。くんだり。

「あっ、教祖が」
そう思った途端、
四郎兵衛さんの足は止まり、
腹立ちも嘘《うそ》のように
消え去ってしまいました。

翌朝、お屋敷の人々と
一緒にご飯を頂いていると、
教祖がお出ましになり、
「四郎兵衛さん、
人がめど*か、神がめどか。
神さんめどやで」
と仰せくださいました。

（一二三「人がめどか」から）

＊めど……めあて、目標の意。

天理教の原典である「みかぐらうた」に、
次のようなおうたがあります。

ひとがなにごといは《お》うとも
かみがみているきをしずめ　（四下り目一ッ）

人がどんなことを言おうとも
神はちゃんと見ているから、
心を落ちつけて通るようにと
お教えくださっているのです。

人間の親なる神様は、
私たちが互いにたすけ合って
陽気に暮らすことをお望みです。
親神様《おやがみさま》の思召《おぼしめし》に沿った生き方を、
常に心がけたいものです。

一二三「人がめどか」

兄の眼病の平癒《へいゆ》を願って、あちこちの神仏へお参りをしていた梅谷四郎兵衛《うめたにしろべえ》さんは、明治十四年、「大和《やまと》の生き神様」の噂《うわさ》を耳にし、初めてお屋敷へ帰らせていただきました。そこで取次《とりつぎ》の先生から聞いた神様のお話に、魂が揺さぶられるような思いがしたといいます。

四郎兵衛さんは、入信して間のないころ、教祖から、この逸話の冒頭のお言葉だけでなく「夫婦揃《そろ》うて信心しなされや」とのお言葉も頂いています。早速、妻のタネさんに「この道というものは、一人だけではいかぬのだそうであるから、おまえも、ともども信心してくれねばならぬ」と話し、タネさんは素直に従いました（九二「夫婦揃うて」参照）。

四郎兵衛さんは、教祖からお聞かせいただいたことや、当時のお屋敷の様子などを、大阪で留守番をしているタネさんに、たびたび書き送っていたといいます。

小さな埃は目につかないが…

——教えをほうきとして、心の掃除を

自分は悪いことをした覚えはない、という人でも、
心のほこりはいつの間にか積もってしまうもの……。

教祖《おやさま》のご命で、
高井《たかい》直吉《なおきち》さんが、おたすけに
出させていただいたときのこと。

病気についてお諭しをしていると、先方は
「わしはな、未《いま》だかつて
悪い事をした覚えはないのや」
と、食ってかかってきました。
直吉さんは、
「私は、まだ、その事について、教祖に何も
聞かせていただいておりませんので、
今すぐ帰って、教祖にお伺いして参ります」
と言って、三里《り》(約一二キロ)の道を
走って帰りました。

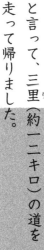

教祖が仰せくださるには、
「どんな新建《しんだ》ちの家でもな、
しかも、中に入らんように
隙間《すきま》に目張りしてあってもな、
十日も二十日も掃除せなんだら、
畳の上に字が書ける程の
埃《ほこり》が積もるのやで。
鏡にシミあるやろ。
大きな埃やったら
目につくよってに、掃除するやろ。
小さな埃は、目につかんよってに、放って置くやろ。
その小さな埃が沁《し》み込んで、鏡にシミが出来るのやで。
その話をしておやり」
と。

直吉さんは教祖にお礼を申し上げ、
すぐに取って返して、
「ただ今、こういうように
聞かせていただきました」
と取り次ぎました。

すると、先方は、
「よく分かりました。
悪い事言って済まなんだ」
と詫《わ》びを入れて、
それから信心するようになり、
病気もすっきりと
ご守護を頂きました。

（一三〇「小さな埃は」から）

人間に病気というものはなく
心にちょっとほこりがついただけ、
親神様《おやがみさま》の教えをほうきとして
心の掃除をするように
と教えられます。
ほこりは早めに掃除すれば
簡単に払うことができますが、
油断していると積もり重なり
取り除きにくくなるものです。

小さな心のほこりが
シミにならないよう、
教えをしっかりと聞き分けて
常にきれいな心でいたいものです。

一三〇「小さな埃は」

河内国《かわちのくに》南老原《みなみおいはら》村（現・大阪府八《や》尾《お》市老原）の高井《たかい》直吉《なおきち》さんは、三歳のとき父を亡くし、姉夫婦に育てられました。姉のなをさんが、産後の肥立《ひだ》ちが悪くて苦しんでいたところをおたすけいただき、直吉少年は姉夫婦に連れられて、お屋敷へ通うようになりました。

明治十二年、直吉さんは悪性の感冒をご守護いただいたことから教祖のもとへお礼に参り、そのましばらく滞在して御用をつとめました。そして、翌十三年からは、お屋敷に住み込むことになりました。この逸話はその約三年後、二十三歳ごろのお話です。

直吉さんは、幼くして生みの親と死に別れ、文字すら書けませんでした。それだけに、教祖のお言葉はもとより、お屋敷に詰めている高弟の先生方に対しても、納得ゆくまで根ほり葉ほり、うるさいほど質問をし、「れんこん掘り」とあだ名されたということです。

教祖の「柿選び」

――みな、かわいいわが子と思う親心

「教祖もお選びになるのやなぁ」

と思って見ていたら……。

ある年の秋、
柿の出盛りの旬のこと。
桝井《ますい》おさめさんが
教祖の御前《おやさまのおんまえ》に出させていただくと、
そこには、たくさんの柿が
お盆に載《の》って出されていました。
教祖は、その柿を
あちらから、またこちらから、
いろいろに眺めておられます。

その様子を、おさめさんは、
「教祖も、柿をお取りになるのに、
やはりお選びになるのやなあ」
と思って見ていました。

ところが、
教祖がお取りになったのは、
一番悪そうな柿だったのです。
そして、残りの柿が載ったお盆を
おさめさんのほうへ押しやって
「さあ、おまはんも一つお上がり」
と仰せになりました。

「ほんになるほど。
教祖もお選びになるが、
教祖のお選びになるのは、
我々人間どもの選ぶのとは違って、
一番悪いのをお選《よ》りになる。
これが教祖の親心や。
子供にはうまそうなのを後に残して、
これを食べさしてやりたいという、
これが本当に教祖の親心や」
と、おさめさんは感じ入りました。
そして、教祖の仰せのままに
柿を頂戴《ちょうだい》したのでした。
(一六〇「柿選び」から)

教祖は、遠方から帰ってきた信者に
自ら柿の皮をおむきになって、
二つに割って「さあ、お上がり」と
勧められることもありました。
それも、遠慮をさせないようにと、
「私も頂くで」と仰せになって、
もう一つの半分をおいしそうに
召し上がられるのでした。

（一五〇「柿」から）

教祖にとって
世界中の人間はみな、かわいいわが子。
常に温かい親心で寄り来る人々を慈しみ、
優しく導かれたのです。

一六〇「柿選び」

　桝井《ますい》伊三郎《いさぶろう》さん(12ページ参照)と同じ伊豆七条《いずしちじょう》村の西尾《にしお》ナラギクさんは、若いころから母親に連れられてお屋敷へ帰っては、手伝いなどをしていました。

　明治七年、十八歳のとき、教祖から「あんたはまあ、若いのに、神妙《しんびょう》に働いて下されますなあ。……せいだい働いて置きなされや。先になったら、難儀しようと思たとて難儀出来んのやで。今、しっかり働いて置きなされや」とお言葉を頂いています（三七「神妙に働いて下されますなあ」参照）。

　二年後の明治九年、お屋敷で伊三郎さんと結婚式を挙げたとき、教祖が二人の手を取って「これで納まったんや。これで納まったのやから、名をおさめさんと変えなさいや」と仰せになり、桝井おさめと改名しました。

　おさめさんは、この逸話の教祖のご様子を深く肝に銘じ、生涯忘れられなかったといいます。

高う買うて、安う売る

――陽気ぐらしに通じる商売の至言

安く買ったものを高く売る人が
〝商売上手〟ですか。

大阪で足袋《たび》商を営んでいた
宮田善蔵《みやたぜんぞう》さんが、初めて教祖《おやさま》に
お目通りさせていただいたときのこと。

教祖から結構なお言葉を諄々《じゅんじゅん》と
聞かせていただきましたが、そのなかで
「商売人はなあ、
高《たこ》う買《こ》うて、安《やす》う売るのやで」
というお言葉だけは、
意味合いが分かりませんでした。
「そんなことをしたら
飯《めし》の食《く》いはぐれやないか」
善蔵さんは、そう思いながら
家路をたどりました。

家に着くと、敷居をまたぐや否《いな》や
激しい上《あ》げ下《くだ》しとなりました。
医者を呼んで手当てをしても
効《き》き目はありません。

おたすけに来てもらった
講元の井筒梅治郎《いづつうめじろう》さんから
「おぢばへ初めて帰って、
何か不足に
思ったのではないか」
と問われ、善蔵さんは、
教祖のお言葉が納得できない
と告げました。
すると、梅治郎さんは……

「神様のおっしゃるのは、
他《ほか》よりも高う仕入れて問屋《といや》を喜ばせ、
安う売って顧客《とくい》を喜ばせ、
自分は薄口銭《うすこうせん》に満足して通るのが
商売の道や、と諭されたのや」

善蔵さんは、これを聞いて初めて
「なるほど」と得心し、
心に不足したことを
深くお詫《わ》びしました。
すると、上げ下しはいつの間にやら
止まっていました。

（一六五「高う買うて」から）

いかに安く仕入れて、高く売るか。
それが商売で一番大切なことだという
考え方もあるでしょう。
しかし、度を越した儲《もう》け主義は
長続きしません。
高く仕入れれば物が集まり、
安く売れば人が集まります。
問屋も顧客も喜ばせてこそ、
共に栄える道があるのです。
自分の利益を最優先するのでなく、
常に相手のことを考えて行動する。
商売だけにとどまらず、
すべての事柄に通じる
真の生き方といえるでしょう。

一六五「高う買うて」

宮田善蔵《みやたぜんぞう》さんは、大阪の商売の中心地・船場《せんば》で足袋《たび》商を営んでいました。明治十八年、井筒梅治郎《いづつうめじろう》さんを講元とする真明《しんめい》組で、お話に感銘して入信。布教師の案内で初めてお屋敷へ帰り、教祖にお目通りさせていただきました。この逸話は、その時のお話です。

善蔵さんは教祖のお言葉を守り通し、商売は発展の一途をたどったといいます。そして明治三十二年、商売を整理して、家族そろって教会へ住み込むことになります。

教祖は、兵庫で蒟蒻《こんにゃく》屋を営んでいた冨田伝次郎《とみたでんじろう》さんにも、「商売人なら、高う買うて安《やす》う売りなはれや」と仰せになっています。

その時、信心について、次のように教えられています。

「神さんの信心はな、神さんを、産んでくれた親と同《お》んなじように思いなはれや。そしたら、ほんまの信心が出来ますで」（一〇四「信心はな」参照）。

人救けたら我が身救かる

——病は神様からの〝てびき〟と〝ためし〟

ひたすら人のたすかりを願うなかに、
真にたすかるご守護が頂けるのです。

明治十八年のこと。
加見兵四郎《かみひょうしろう》さんは、
突然、十三歳になる長女の両目が
ほとんど見えなくなったばかりか、
翌月には、自分も目を患いました。

妻が代わりにお屋敷へ参拝し、
教祖《おやさま》にお伺いすると、
「本人が出て来るがよい。
その上、しっかり諭してやるで」
とのことでした。そこで兵四郎さんは、
四里《り》(約一六キロ)の道を、
杖《つえ》をつきながら妻に手を引いてもらって
お屋敷へ帰りました。

教祖は、約二時間にわたって
お話をお聞かせくださいました。
そのお言葉が済むや否《いな》や、
目はいつの間にか
なんとなく見えるようになり、
帰宅してみると、長女の目も
鮮やかにご守護を頂いていました。

しかし、その後、兵四郎さんの目は、
毎朝八時ごろまではボーッとして
遠目が少しもききません。
再びお屋敷へ帰り
教祖にお伺いすると、
次のようなお諭しがありました。

「それはなあ、手引きがすんで、
ためしがすんのやで。
ためしというは、
人救《たす》けたら我《わ》が身救かる、という。
我が身思うてはならん。
どうでも、人を救けたい、
救かってもらいたい、
という一心に取り直すなら、
身上《みじょう》（病気のこと）は鮮やかやで」

その後、熱心に人だすけに
奔走するうちに、兵四郎さんの目は
すっきり見えるようになりました。

（一六七「人救けたら」から）

苦しく切ない病気や事情の悩み。
これらは親なる神様が、子供である人間を
真にたすかる道へと導くための
「てびき（手引き）」であると教えられます。
その「てびき」を通して知った生き方を
実行できるかどうかを、
教祖は「ためし」という言葉で
兵四郎さんに問われたのでしょう。
それは、人をたすける心になること。
自分のことはさておき、
人のたすかりを願い、尽くすこと。
その心を親神様《おやがみさま》が受け取ってくださり、
いつしか自らも
たすけられていることに気づくのです。

一六七「人救けたら」

お屋敷の南方に位置する笠間《かさま》（現・宇陀市《うだし》榛原《はいばら》笠間）の加見兵四郎《かみひょうしろう》さんは、幼いころ両親に相次いで捨てられるという逆境に育ちました。明治六年に結婚し、ほどなく妻が妊娠すると、すでに信仰していた妹に勧められ、「をびや許し」を頂くために初めてお屋敷へ帰りました。そのとき、教祖から「ここはなあ、人間はじめた屋敷やで。親里やで。必ず、疑うやないで」とのお言葉を頂いていますそうです。

（三四「月日許した」参照）。

兵四郎さんは当初、年に二、三度、お屋敷へ帰っていましたが、明治十五年ごろから、おたすけに専念するようになります。そして、この逸話の後、白熱の布教を展開します。出向いた村々で鮮やかなご守護を頂き、方々《ほうぼう》から乞《こ》われて四十七回も家を移りました。住居の土壁が乾く間もなく移動するので、「生壁《なまかべ》の兵四郎」と呼ばれたそうです。

そっちで力を入れたら、神も…

――今だけではない、あらゆるご守護

親神様に力を入れていただけるよう
真実を尽くして精いっぱいの努力を。

元大和《やまと》小泉《こいずみ》藩でお馬廻《うままわり》役を務め
柔術や剣道にも腕に覚えのあった
仲《なか》野《の》秀信《ひでのぶ》さんが、お屋敷へ帰って
教祖《おやさま》にお目にかかったときのこと。

「仲野さん、あんたは世界で
力強《ちからづよ》やと言われていなさるが、
一つ、この手を放してごらん」

教祖はこう仰せになって、
秀信さんの両方の手首を
お握りになりました。

仰せのままに、最初は少しずつ力を入れて
自分の手を引いてみましたが、
なかなか離れません。

今度は本気になって
引き離そうとしましたが、
ご高齢の教祖は
ビクともなさりません。
力の限り、何度試みても
ニコニコなさっています。
それどころか、力を入れて
引っ張れば引っ張るほど
自分の手首が堅く握られて、
ちぎれるように痛くなってきます。

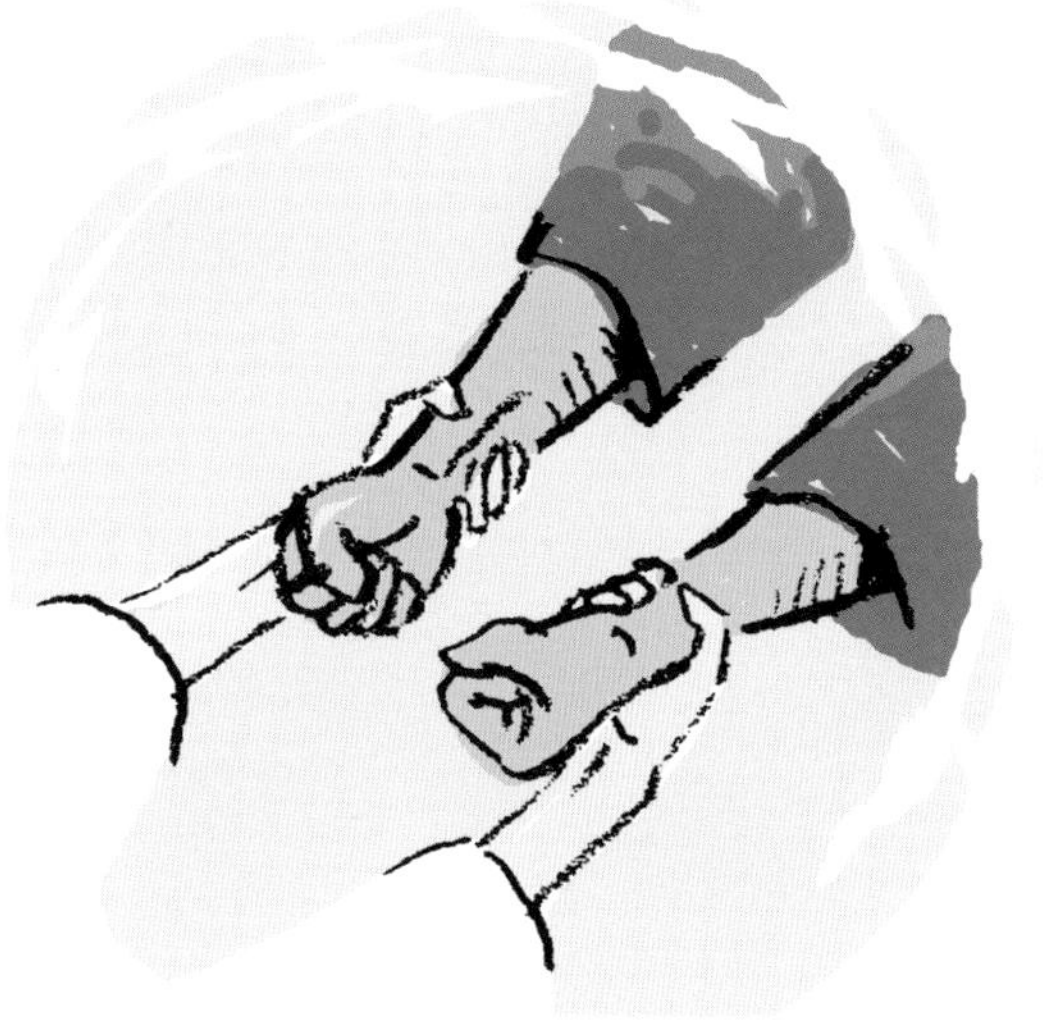

秀信さんは、ついに耐えきれなくなって
「どうも恐れ入りました。お放し願います」
と申し上げました。
すると、教祖は、
「何も、謝らいでもよい。
そっちで力をゆるめたら、
神も力をゆるめる。
そっちで力を入れたら、
神も力を入れるのやで。
この事は、今だけの事やない程に」
と仰せになって、
静かに手をお放しになりました。
（一七四「そっちで力をゆるめたら」から）

教祖は、お屋敷に帰ってきた人と、
こうした力比べを度々なさっています。
ご自身に親神様《おやがみさま》が入り込んで
「神のやしろ」としての
思召《おぼしめし》を伝える立場であることを
人々に納得させるためですが、
決して力を見せつけようと
なされたのではありません。
親神様は、子供である人間を
みな等しくたすけてやりたいのです。
何事にも真実を尽くして精いっぱいに
努力するならば、神はあらゆる守護をしてやろう。
「今だけの事やない程に」とは、そんな
親心のこもったお言葉ではないでしょうか。

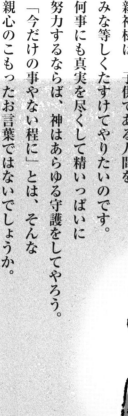

一七四「そっちで力をゆるめたら」

お屋敷の西方、小泉村《こいずみ》（現・大和《やまと》郡山市小泉町《こおりやま》）の仲野家《なかの》は、代々武士の家柄で、弓術や馬術に優れていたといいます。

秀信《ひでのぶ》さんは明治十八年、櫟本村《いちのもと》の戸長に頼まれ、櫟本に道場を開きました。櫟本の梶本家《かじもと》には教祖の三女・おはる様が嫁いでおり、その子供である中山眞之亮《なかやましんのすけ》・初代真柱様《しんばしら》から、お屋敷の若い者に柔術、剣術の指導をしてほしいと依頼され、お屋敷へ出向くようになりました。

初めて教祖にお目通りし、力比べをした秀信さんは、「これまったく神の力に違いない」と確信したといいます。以来、秀信さんは教祖のもとへ通い、お屋敷に闖入《ちんにゅう》してきた暴徒を追い払ったり、高弟の先生の護衛を兼ねて、各地の巡教に同行したりしました。明治三十三年、天理教校が開校されたときには、教員として、生徒に剣術と柔術を教えています。

おやさまの情景《じょうけい》

立教184年（2021年）2月1日　初版第1刷発行
立教184年（2021年）8月26日　初版第2刷発行

編　者　天理教道友社

発行所　天理教道友社
〒632-8686　奈良県天理市三島町1番地1
電話　0743(62)5388
振替　00900-7-10367

印刷所　株式会社天理時報社
〒632-0083　奈良県天理市稲葉町80

ISBN978-4-8073-0639-8
定価はカバーに表示